AF273643

«Me sorprende que en los cursos de gestión del tiempo se hable de la capacidad de cambiar el tiempo y la realidad. Yo digo: 'Acepta la realidad y busca la manera de sacarle provecho'.»

Soft Skills

ORGANIZARSE EN EL TRABAJO

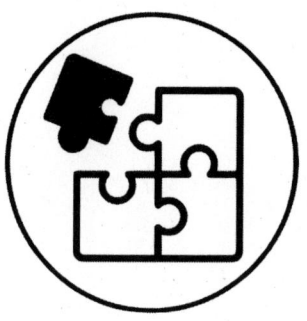

24 lecciones útiles para marcar objetivos, establecer prioridades y gestionar el tiempo

KENNETH ZEIGLER

«Actuar es la clave. Seleccione las ideas y las estrategias que pueden serle útiles. Actúe y póngalas en práctica.»

La edición original de esta obra ha sido publicada en lengua inglesa por The McGraw-Hill Companies, Inc., Nueva York con el título: *Getting Organized at Work. 24 Lessons to Set Goals, Establish Priorities, and Manage Your Time*, 2005.

Todos los derechos reservados

© Para la edición en lengua castellana, Profit Editorial I., S.L., 2024

Diseño de cubierta: XicArt
Maquetación: www.freiredisseny.com

ISBN: 978-84-10235-11-3
Depósito legal: B 7324-2024
Primera edición: Junio de 2024

Impresión: Gráficas Rey
Impreso en España / *Printed in Spain*

Índice

«Este libro se dirige a las personas que quieren ser más eficientes, obtener mejores resultados en menos tiempo y lograr el equilibrio en sus vidas.»

ICONOS USADOS EN ESTE LIBRO

 Listas. Con la información sintetizada y ordenada.

 Sugerencias, ideas ... Al final de cada capítulo se proponen tres.

 Este icono señala en el texto un ejercicio o práctica.

 Soluciones o estrategias casi mágicas.

 Herramientas para mejorar sus habilidades.

 Anécdotas o preguntas que pueden ayudar a entender lo explicado.

 Resumen de un determinado proceso para memorizarlo.

Organizarse para lograr el éxito

El objetivo de este libro es proporcionarle trucos, herramientas, ideas y estrategias que usted pueda llevar a cabo para obtener mejoras inmediatas tanto en el trabajo como en casa. Contiene información práctica que usted puede aplicar sea cual sea el sistema de organización que utilice.

En muchos cursos de gestión del tiempo se trabaja la capacidad de cambiar el tiempo y la realidad. Me parece poco práctico: creo que es más adecuado seguir la corriente y añadirle estructura y disciplina que actuar como los salmones y subir el río a contracorriente.

Con este libro, analizará la distribución y el uso del tiempo en su vida diaria. En concreto, determinará a qué dedica el tiempo, si le dedica el tiempo suficiente, y si es el mejor momento para ello.

Siga estos pasos:

1. Tome nota de todas las actividades en las que invierte el tiempo (en el trabajo y en casa) durante una semana. Seguramente le sorprenderá la larga lista de actividades.

2. A continuación, analice sus notas. Identifique las actividades que son innecesarias y elimínelas.

3. Busque o cree momentos reservados para las tareas o actividades más importantes, las que producen una mayor recompensa. A veces se postergan las tareas que son menos importantes o incluso innecesarias.

Observe con atención sus notas en busca de patrones de actividades, tareas, interrupciones e imprevistos. Cuando haya identificado estos patrones, utilice las estrategias que le presentamos en este libro para mejorarlos y utilizarlos con la máxima eficacia.

La clave consiste en actuar. Elija dos o tres ideas o estrategias y trabájelas hasta que se conviertan en un hábito. Al final de la semana, pregúntese qué puede mejorar para la siguiente semana. Tenga presente que hay dos aspectos importantes que le ayudarán a gestionar el tiempo:

- Mejorar sus habilidades de gestión del tiempo.
- Enseñar habilidades a los demás para que no interfieran en su gestión del tiempo.

01

—

Tomar el control de la vida diaria

«Para ser el jefe de la pista, piense siempre que hay un momento y un lugar para cada cosa. Las personas bien organizadas saben que todo es cuestión de disciplina.»

La vida es como un circo: usted puede ser el jefe de pista o el último mono. Si no controla su vida diaria, la vida le controlará a usted. Todo se reduce a una cuestión de disciplina. Para tomar el control de su vida diaria, siga estas recomendaciones:

- Cambie su modo de pensar. Usted tiene más control del que cree, pero debe actuar y negociar a diario.
- Tenga paciencia. No haga las cosas deprisa, tómese el tiempo necesario para que salgan bien.
- Aplique más disciplina. Usted sabe que "hay un momento y un lugar para cada cosa" pero sin disciplina, pasará de una actividad a otra y al final del día no sabrá qué ha hecho con su tiempo.

Le proporcionamos algunos ejemplos para que tome el control de su vida diaria.

- **Enseñe a los demás a ser eficientes:** aunque usted tenga unas habilidades de gestión del tiempo excelentes, si sus compañeros no son eficientes, pueden complicarle la vida. Para trabajar de manera eficaz, es imprescindible que las llamadas, los correos electrónicos o incluso las charlas en persona dispongan de toda la información necesaria.

- **Analice también su parte de responsabilidad.** Sea más específico cuando se comunique con los demás. Así predicará con el ejemplo.

- **Enseñe a los demás a gestionar su tiempo:** ponga en práctica las estrategias que planteamos en este libro. Recuerde que si usted gestiona mejor su tiempo, estará mostándoles a los demás que ellos también pueden gestionarlo mejor. Para usted será beneficioso transmitir que hay un momento y un lugar para cada cosa, que no todo tiene que ser urgente.

Está bien dejar la puerta abierta, pero es inteligente controlar las interrupciones. Cuando alguien entre en su oficina, concrete un momento y un lugar más adecuados para analizar la cuestión.

→ **No quiera realizar muchas tareas, finalícelas todas:** empiece y finalice una tarea antes de pasar a la siguiente. Encuentre siempre la solución más adecuada para cada caso. Realizar múltiples tareas al mismo tiempo puede ser una necesidad, pero no es una virtud. De hecho, suele ser un modo ineficiente de que el tiempo le controle a usted.

→ **De uno en uno, la clave de la organización:** conviértase en un agente de tráfico. La organización del trabajo es como el tráfico callejero, usted debe indicar qué vehículos pueden pasar y qué vehículos deben detenerse

02

—

Establecer objetivos

«Preste atención. Si no sabe

adónde va, tal vez no llegue.»

El primer paso para gestionar el tiempo es establecer claramente las metas u objetivos que quiere cumplir.

El objetivo es el resultado final para el que trabajará, al que dedicará su tiempo, energía y recursos. El objetivo debe definir el resultado final y el propósito.

Establecer objetivos es importante porque:

- Los objetivos le aportan significado a la gestión del tiempo.
- Los objetivos centran claramente la acción.
- Los objetivos identifican las oportunidades concretas para mejorar los resultados.
- Los objetivos muestran claramente la dirección para conseguir los resultados.
- Los objetivos mejoran el rendimiento porque permiten medir los resultados.
- Los objetivos proporcionan una estructura para lograr los resultados deseados.
- Los objetivos mejoran la comunicación porque favorecen ponerse de acuerdo sobre las expectativas.
- Los objetivos facilitan las recompensas por los éxitos.

El primer paso para establecer objetivos es tenerlos claros. Cierre los ojos e imagínese la tarea o el proyecto finalizado: ese es el resultado. A partir de ahí, escriba lo que necesita para conseguirlo: ese será el objetivo. Muchas personas se saltan pasos intermedios, cosa que usted puede evitar si ve con claridad el resultado final.

Fíjese que le recomiendo "escribir lo que necesita para conseguirlo". Hay una correlación directa entre la cantidad de información que escribe sobre una tarea o proyecto y la

19

probabilidad de éxito. Cuantos más detalles escriba, mayor será su compromiso y mayor la probabilidad de éxito.

Escribir ayuda a aclarar las ideas. Por eso, cuando toma nota de las tareas, los proyectos y los objetivos se vuelven más reales. Somos visuales, y ver nuestras palabras escritas refuerza el compromiso.

A medida que finalice una tarea o una parte del proyecto, táchela o ponga una marca junto a ella, eso aumentará su sensación de éxito. Es la prueba visual de que está avanzando. Cuantos más objetivos ponga por escrito, más marcas podrá poner y más éxitos conseguirá. Si no escribe todas las etapas del plan, no obtendrá toda la sensación de éxito que se merece.

Estos tres puntos son esenciales para establecer objetivos:

→ **Comprenda en qué consiste su participación en el grupo:** conozca los objetivos del equipo, el departamento o la empresa. A continuación, decida cómo puede ayudar a conseguirlos.

→ **Identifique lo más importante para su superior:** su superior es la persona que le paga, evalúa su rendimiento y decide aumentarle el sueldo o promocionarle. Es importante saber qué es lo más importante para la persona que a usted más le importa a usted. Si no lo sabe, ¿cómo establecerá sus prioridades?

→ **Pregunte a sus clientes internos y externos cuáles son sus expectativas:** obtendrá información valiosa para establecer sus objetivos.

Recuerde: somos visuales. Tome nota de todos sus proyectos para hacerlos más reales. Practique ahora con esta sugerencia de tabla. Lógicamente cada uno ha de acomodar su organización a la propia idiosin-cracia. No espere. ¡Empiece!

Tarea o proyecto (Resultado)			
Objetivo (Medios)			
Situación			

Tarea o proyecto (Resultado)			
Objetivo (Medios)			
Situación			

03

Pensar de forma realista

«Comunique sus expectativas a los demás para que sepan cómo pueden ayudarle a conseguir su objetivo. Pregúnteles también qué necesitan de usted y de su equipo para lograr sus objetivos.»

El primer motivo por el que las personas no alcanzan sus objetivos o no cumplen sus compromisos a tiempo es... ¡la realidad! No han dejado tiempo para que algo pudiera salir mal, o se produjeran interrupciones o imprevistos.

Desde el primer momento es esencial anticiparse a los posibles obstáculos o cambios antes de que sucedan. Revise una y otra vez sus progresos y compártalos con los miembros del equipo. Identifique los problemas lo antes posible y prepare un plan para evitarlos o resolverlos.

El **optimismo** es una buena actitud ante la vida, pero hay que ser **realista** en el momento de establecer objetivos y contemplar la posibilidad de que algo pueda salir mal.

Es esencial aceptar la posibilidad de que surjan problemas. Si identifica todos los obstáculos posibles, podrá crear planes de contingencia.

Cuando le asignen un proyecto, plantee todas las preguntas que estime necesarias. Desde el primer momento debe comprender bien en qué consiste el proyecto y cuál es el resultado previsto. Cuando tenga que trabajar con hipótesis, coméntelas con la persona que le asignó el proyecto y, al final de la semana, revíselas y prepárese para realizar cambios.

Si deja tiempo para los cambios y las rectificaciones, aumentará su confianza en cumplir los objetivos a tiempo. Será una persona optimista y realista.

Para completar un proyecto a tiempo, es importante creer que puede hacerlo. Asegúrese de que los objetivos son alcanzables y ha calculado el tiempo de forma realista. Es preferible no comprometerse demasiado y entregar los proyectos antes de lo previsto, que prometer mucho y no entregar los proyectos a tiempo.

Si se da el caso de que no puede encargarse de un proyecto, no vaya a lamentarse a la persona que le asignó el proyecto. Las lamentaciones no solucionan nada. En lugar de ello, propóngale una solución, un plan alternativo. Explíquele por qué considera que el proyecto no es realista y ofrézcale una solución.

Cuando acepte un proyecto, siga estos pasos:

→ **Aproveche su experiencia:** busque proyectos similares que haya realizado en el pasado y aproveche estas experiencias para planificar el nuevo proyecto y realizarlo con éxito.

→ **Analice los problemas pasados:** recuerde si se produjeron problemas que ahora puede evitar. Como dice George Santayana: "Quienes no recuerdan el pasado están condenados a repetirlo".

→ **Piense en todo lo que necesita:** reúna todos los recursos, tanto humanos como físicos, que puedan ser útiles para realizar el proyecto.

26

04
—

Planificar el trabajo

«Un plan sin acción es un
sueño, pero la acción sin
un plan es una pesadilla.»

No es recomendable empezar inmediatamente una tarea o un proyecto sin haberle dedicado tiempo a planificarlo. La actitud contraria es postergar la tarea y, aunque hay refranes para todos los gustos ("No dejes para mañana lo que puedas hacer hoy" o "Vísteme despacio que tengo prisa"), el secreto está en encontrar el equilibrio.

Postergar la tarea es un problema claro que trataremos en la siguiente lección. Actuar directamente sin dedicar tiempo a planificar el trabajo también es un problema, por dos motivos. Por una parte, si nos enfrentamos a un proyecto como si fuera una competición, pensando en plan "Preparados..., listos..., ¡ya!", cometeremos errores y crearemos problemas. Incluso es posible que malgastemos recursos y frustremos a otras personas. Por otra parte, si empezamos un proyecto con exceso de entusiasmo, cuando el trabajo nos desborde, cambiaremos de actitud o incluso abandonaremos el proyecto.

La **planificación** es la herramienta que evita estos dos problemas, tanto **postergar** la tarea como **entusiasmarse** excesivamente con un proyecto.

El motivo principal por el que alguien deja a medias una tarea o un proyecto es porque lo considera demasiado difícil. La estrategia más eficaz en estos casos es la de "divide y vencerás".

Divida las tareas y proyectos en etapas pequeñas que pueda gestionar: cuanto más difícil sea el trabajo, en más etapas debe dividirlo. Intente que las etapas sean lo más fáciles y rápidas posible, así las enlazará y le dará la sensación de que avanza. Un proyecto difícil es como un largo paseo, empieza con el primer paso. Vaya paso a paso y lo logrará. Si se siente estresado y la carga de trabajo es excesiva, no podrá concentrarse más de 15 minutos. En esta situación, planifique un primer paso de 15 minutos. Si la entrega es tan apremiante que siente la tentación de descartar el proyecto, divídalo en etapas que le ocupen el tiempo que pueda dedicarle cada día.

Identifique para cada etapa el resultado que espera, los motivos, el tiempo asignado y el final. La etapa será más realista si la planifica con todos estos detalles. Además, podrá organizar con lógica las tareas.

 Estas tres sugerencias pueden ayudarle a planificarse de forma eficaz:

→ **Escriba el plan con todo detalle:** divida el proyecto en varias etapas. Anote todos los detalles que pueda para ver el proyecto más fácil desde el principio y avanzar paso a paso.

→ **Comunique el plan:** es un factor clave en la planificación de tareas y proyectos para lograr los objetivos. Si comunica sus expectativas a los demás, sabrán cómo pueden ayudarle a conseguir sus metas. La comunicación también muestra y refuerza el compromiso.

→ **Cree recompensas para cada paso del proyecto:** premie los éxitos. Prepare una recompensa para cada paso que complete del proyecto, una recompensa proporcional a la importancia de la etapa.

05

No posponer la acción

«Posponer una tarea fácil la convierte en más y más difícil.»

MASON COOLEY

La mejor estrategia para no posponer una acción es dividirla en pequeñas acciones que pueda llevar a cabo cada día. Algunas veces ni siquiera la mejor planificación puede superar esta tendencia humana. Todo el mundo pospone acciones de una manera u otra. Por ello debe prestar a atención a cuestiones como:

- Darse cuenta del momento en que pospone una acción y comprender los motivos.
- Identificar las actividades que prefiere y las que evita.
- Determinar los pasos que seguirá para superar esta actitud.

Cuando se dé cuenta de que está posponiendo una actividad, piense en los pensamientos que pasan por su cabeza, los más habituales son:

Es una tarea desagradable. Es difícil. No puedo hacerlo porque tengo demasiadas tareas. Me interrumpen demasiado, No me organizo bien. Me falta información necesaria. No sé qué se espera de mi ni cuáles son los objetivos de la tarea. No me apetece. No me interesa esta tarea. Ahora no tengo tiempo. Ahora no tengo energía. Esta tarea no es para ahora.

Es posible que tenga algunas actividades favoritas, tal vez porque puede dar lo mejor de sí mismo, y otras que siempre pospone. Haga una lista de las actividades que prefiere hacer cuando están previstas. Descubrirá información interesante sobre usted mismo.

A algunas personas les motiva la urgencia. Estas personas reaccionan ante la presión por varios motivos. Cuando suena el teléfono o llaman a la puerta, dejan lo que estaban haciendo para responder a la última petición. Si hay que apagar un fuego, salen corriendo para apagarlo. Las urgencias les hacen sentirse vivos, incluso héroes. Estas personas ni consiguen reconocimiento ni ascensos por solucionar urgencias. Siguen en su puesto porque siempre habrá urgencias que solucionar. Las personas que tienen éxito son las que resuelven los problemas que han originado el fuego, pues pueden resolver problemas en otras ocasiones.

Cuando haya identificado los motivos de que posponga la actividad y los elementos que le distraen de sus tareas, decida una estrategia específica para mejorar.

Estos tres consejos pueden ayudarle a no posponer una tarea:

→ **Céntrese en las tareas por la mañana:** seguramente es el momento del día en que tiene más energía y puede concentrarse mejor. Dedíquese primero a las tareas que tiene previstas. No se deje tentar por las urgencias: le dejarán poco tiempo (¡si es que le queda alguno!) para las tareas importantes.

→ **Motívese:** compare la presión del entorno con su motivación personal: la importancia del proyecto, cuán urgente es cumplir las tareas previstas, o las recompensas que se ha propuesto. Es una estrategia especialmente eficaz si usted es de las personas que trabaja bien bajo presión.

→ **Relájese:** no deje de trabajar, pero intente reducir la presión. Las personas que trabajan deliberadamente bajo presión crean un entorno asfixiante que no es beneficioso para quienes les rodean.

06

—

Tener una lista maestra

«Es más importante saber hacia dónde va que llegar rápidamente. No confunda la actividad con el logro.»

MABEL NEWCOMBE

Con los objetivos claros, es más fácil establecer el orden de importancia de las tareas. Si quiere asegurarse de que tendrá tiempo para las prioridades, recuerde que debe tenerlo también para otros asuntos que no sean prioritarios.

No importa si utiliza una agenda o un calendario electrónico. Debe mejorar las habilidades organizativas para que cualquier sistema sea útil y eficaz. Seamos sinceros: si la organización no funciona o le lleva demasiado tiempo, dejará de organizarse.

Las nuevas herramientas que aquí le recomendamos no son una lista normal y corriente. Olvídese de la lista de cosas pendientes. A partir de ahora puede utilizar dos herramientas para organizarse: la lista maestra y la lista diaria.

En pocas palabras, la **lista maestra** es un bloc de papel que contiene todas las actividades posibles, notas o acciones para toda la semana. La **lista diaria** es una hoja de papel que tan solo contiene las principales actividades de ese día. Las dos listas juntas sustituyen a la tradicional lista de tareas pendientes.

Ideas básicas de la lista maestra:

1

Una única lista:
La lista maestra sustituye a todos los papeles, pizarras, libretas y post-it® que utilice. Contiene todo lo necesario para su vida personal y profesional.

Escriba las ideas que se le ocurran, así las tendrá apuntadas y no se le olvidarán:
podrá concentrarse en sus tareas y no se olvidará de nada. Si no tiene la lista maestra a mano, grabe un mensaje de voz.

2

La lista tiene que sea clara y legible: deje suficiente espacio entre las líneas para poder añadir notas. Es importante identificar cada elemento con facilidad cuando lo necesite o cuando lo escriba en la agenda

3

Cree una lista maestra para toda la semana: cada viernes, prepare la lista maestra para la semana siguiente y guarde la anterior para que al final de año pueda revisar toda su organización.

4

Prepare la lista diaria del día siguiente cada día por la tarde: anote un número realista de actividades de la lista maestra para ese día en concreto

5

Unas últimas consideraciones para utilizar la lista maestra:

→ **Anote los detalles:** cuando se acumula el trabajo, lo primero que se olvida son los detalles. Sin embargo, es una de las habilidades de organización más valiosas para ahorrar tiempo y evitar malentendidos. Los detalles son esenciales.

→ **Apunte las ideas rápidamente, sin pensar:** no intente priorizar ni organizar las notas en el primer momento. Es un trabajo que debe realizar después. Limítese a volcar sus pensamientos sobre el papel.

→ **Dedique un momento al final del día a preparar la lista del día siguiente:** dedique los últimos quince minutos del trabajo a recordar todo lo que necesitará al día siguiente. No conteste al teléfono ni ningún correo electrónico. Concéntrese en tener todo el trabajo bien definido para poder olvidarse de él cuando vaya a casa. Establezca una frontera clara entre trabajo y casa. Si no es capaz de desconectar del trabajo cuando esté en casa, no rendirá bien en el trabajo y empeorará su calidad de vida personal. La organización no requiere mucha energía, por eso es una tarea final perfecta para última hora. Recuerde que hay un momento y un lugar para cada cosa.

07

Priorizar la lista maestra

«La gente me pregunta cómo gestiono bien el tiempo. Lo gestiono de semana en semana. Cada viernes por la tarde valoro todo lo que he logrado esa semana, lo que puedo mejorar la siguiente semana y cómo puedo ahorrar tiempo.»

El mejor momento para priorizar las listas es a primera hora de la mañana, cuando llegue al trabajo y compruebe los mensajes y correos electrónicos que tenga. No intente ordenar las ideas a medida que las anota ni al final del día. Sea flexible y prevea tiempo para cambios.

Revise la lista maestra a lo largo del día. A última hora, compruebe si tiene que preparar algo para el día siguiente. Escriba las actividades del día siguiente en la lista diaria y táchelas de la lista maestra.

Solo hay que preparar la lista maestra una vez por semana, el viernes (ya que es el día menos productivo de la semana). Cambie la planificación diaria por la planificación semanal, ahorrará tiempo al final de cada día, pues no tendrá que pasar las actividades de un día al siguiente y su estado de ánimo será mejor. Si repite la lista de hoy para el día siguiente será inevitable que se sienta más presionado y aumenta el sensación de desánimo.

Acepte que al final del día no habrá cumplido todos los puntos de la lista y así reducirá la presión. No trabaje hasta tarde, pues la productividad no está relacionada con las cantidad de horas que dedique a un trabajo.

Los viernes, cuando revise la lista maestra, puede evaluar su rendimiento. Copie los puntos que no haya completado en la nueva lista maestra y analice sus tendencias. Por último, guarde la última lista para consultarla más adelante.

Si tiene la lista siempre a mano, evitará que se le acumulen las tareas pendientes con nuevos encargos. Cuando se cruce con alguien que le pregunte si tiene un minuto y le asigna una tarea, echará un vistazo a la lista y asignará el momento más adecuado para la tarea. Es más probable que no la realice de inmediato. Así gestionará el tiempo con disciplina. No permita que las últimas tareas pasen por delante de las tareas previstas. No recompense las interrupciones ni deje que controlen su organización.

 He aquí tres sugerencias para gestionar las tareas con la lista maestra:

→ **Póngase el mediodía como límite:** es una buena motivación para concentrarse por la mañana y reducirá la presión por la tarde. El 90% de la productividad se logra por la mañana.

→ **Siga el principio de las "tareas importantes":** las "tareas importantes" son buenas para usted y para su carrera profesional o su vida personal pero las pospone para otro momento del día, como hacen los niños con las verduras. Pruebe a hacer una de estas tareas al principio del día y otra antes del mediodía.

→ **Añada las tareas personales a la lista maestra:** para gestionar su vida, tanto personal como profesional, es mejor utilizar un único sistema. Resulta más sencillo.

08

—

Utilizar la lista diaria

«No existe ninguna relación
directa entre las horas que
está en la oficina y el trabajo
que acaba.»

Puede utilizar la lista maestra, una agenda, el calendario electrónico de Microsoft Outlook, Lotus Notes o el programa que quiera para preparar la lista diaria.

Al finalizar el día, seleccione entre dos y seis tareas de la lista maestra y escríbalas en la lista diaria del día siguiente. El número de tareas dependerá de las reuniones, los plazos de entrega y otros compromisos que haya previsto para ese día, y de cómo controle usted el día.

Es posible que por la mañana le esperen dos o tres tareas nuevas en el correo electrónico y dos o tres en el buzón de voz. En conjunto, un día completo.

Si las tareas del correo electrónico y del buzón de voz son tareas importantes, compárelas con las que ya estaban anotadas en la lista diaria.

Marque con un asterisco las dos principales "tareas importantes" de la lista. Por lo general, las dos primeras suelen reunir el 80% del valor total de la lista. Distribuya su organización diaria para realizar estas dos tareas e intente no dedicar tiempo a otras cuestiones hasta que las termine. Si surgen "fuegos" tendrá que "apagarlos" con agua hasta que termine las tareas principales.

Dedique la mañana a estas dos tareas, e intente acabarlas antes de comer. Si las pospone a la tarde, durante la mañana también les dedicará tiempo pensando en ellas.

Realice las otras tareas de la lista diaria como complemento a estas dos tareas principales, con flexibilidad. Intente no mover las tareas de un día para otro. Si supone que podrá realizar las tareas previstas para ese día más las que no pudo realizar el día anterior, además de ser muy optimista, estará sobrecargando la planificación.

Las urgencias son inevitables e interfieren con su planificación. Para reducir al mínimo su efecto, empiece solucionando una emergencia por la mañana y otra antes de comer. De este modo, el día será más fácil y las urgencias no arruinarán su previsión. ¿Qué prefiere: una mañana fácil y una tarde difícil o una mañana difícil y una tarde fácil? Puede elegir.

Siga estas sugerencias para distribuirse el tiempo:

→ **Descanse entre tareas:** si se toma un respiro entre una tarea y otra, mejorará su productividad.

→ **Analice su ciclo de concentración:** los estudios demuestran que los ciclos de concentración suelen durar unos 90 minutos. Si es su caso, haga una pausa de 10 minutos para coger energía. Es el momento adecuado para tomar un refresco, hacer una tarea personal o algo que le apetezca de la lista maestra.

→ **Aproveche al máximo la mañana:** siga el principio de las "tareas importantes" y haga una o las dos tareas principales antes de comer. Estará más concentrado, tendrá más energía y, por lo tanto, cometerá menos fallos y acabará antes. El resto del día transcurrirá como la seda porque las tareas principales ya estarán entregadas.

09

Planificar bien la mañana

«Me costó darme cuenta de que los demás se aprovechaban de mi tiempo más productivo para lograr sus objetivos. Ocupaban mi tiempo más productivo y yo se lo permitía.»

Al final del día, cuando esté preparando el día siguiente, planifique una mañana muy productiva. La mayoría de la gente se dedica entre una y tres horas a contestar el correo electrónico, los mensajes de voz, las llamadas y hablar con su superior y con otras personas, lo que podríamos llamar "creando relaciones". Si dedica entre 15 y 30 minutos a solucionar estas cuestiones, ya habrá completado la primera tarea... ¡con disciplina!

Limítese a comprobar si en el correo electrónico o el buzón de voz tiene alguna tarea para hoy. Añádala a su lista diaria. Entonces podrá cerrar el correo y silenciar el teléfono para concentrarse en las tareas de hoy.

Dedique una hora a la primera tarea. No permita ninguna interrupción y de este modo podrá concentrarse al máximo. Cuando finalice el tiempo dedicado a la tarea, compruebe el correo electrónico y los mensajes de voz, y permita las interrupciones. Ocúpese de los asuntos prioritarios de la forma más rápida posible. Intente solucionar el máximo de urgencias en 60 minutos.

Cierre el correo de nuevo, apague el móvil y no permita interrupciones durante los siguientes 60 minutos. Dedíquese entonces a la segunda tarea del día. Cuando la haya terminado, responda a los correos y las llamadas menos importantes. Lo tendrá todo controlado antes de comer.

Es recomendable ir a comer después que las personas que más le interrumpen. Con ello se reducirá en una o dos horas el tiempo en que pueden interrumpirle. No trabaje mientras coma. En concreto, no coma en la oficina.

Siga el mismo esquema y disciplina para la tarde.

La calidad de su trabajo mejorará si estructura su tiempo en torno a las tareas importantes, realiza las tareas pequeñas como complemento (llamadas y correos electrónicos) y no permite que lo distraigan ni las interrupciones ni las urgencias. No trabaje hasta tarde, con ello solo conseguirá que al día siguiente le cueste más volver al trabajo y aprovechar a mañana. Dedique los últimos 10-15 minutos a planificar le día siguiente.

El **lunes por la mañana** es fundamental. Es necesario empezar bien la semana para que el trabajo fluya. No planifique reuniones ni videoconferencias el lunes a primera hora.

No sobrecargue el día. La tendencia habitual es calcular un 20% más del tiempo que requiere una tarea. Prevea tiempo para las interrupciones, las reuniones de última hora y los imprevistos. Así no tendrá que ir corriendo y conseguirá cumplir sus compromisos.

→ **Aproveche su ciclo de energía:** todos tenemos como mínimo tres ciclos de energía al día. Para el 75% de las personas, el punto álgido de energía es la mañana, el segundo punto fuerte es la tarde y el momento con menos energía es la noche. Aproveche la mañana con la máxima eficacia y procure lo menos posible quedarse trabajando hasta tarde.

→ **Planifique bien:** cuando planifique el día, busque la estrategia que le funcione mejor y trabájela con disciplina. Realice las tareas importantes por la mañana y prevea un tiempo para las interrupciones y los imprevistos.

→ **Empiece temprano y salga puntual:** es mejor que llegar puntual y salir tarde. Adelantará mucho trabajo antes de que lleguen los demás y podrá pasar más tiempo con su familia por la tarde. La familia nota más si llega tarde que si se va temprano.

10

—

Priorizar

«Es difícil priorizar
correctamente si no se dispone
de toda la información: por qué
es importante y
cuándo debe estar acabada una
tarea.»

El primer paso para establecer prioridades es analizar el empleo de su tiempo durante una semana, tanto en el trabajo como en casa. Escriba las tareas que realiza y los motivos del orden que sigue. Priorice las tareas con el método A, B, C o un cuadro para tomar decisiones.

El método A, B, C es sencillo.

- Asigne la letra A a las tareas que debe hacer ahora: la fecha límite es hoy, la tarea es importante para su superior, le proporciona visibilidad, mostrará sus habilidades y es vital para las necesidades de sus clientes, compañeros o miembros del equipo.

- Asigne la letra B a las tareas que debería hacer ahora. Cumplen los mismos criterios que la letra A pero la fecha límite no es hoy.

- Asigne la letra C a las tareas que quiere hacer. Son tareas en las que puede trabajar cuando tenga tiempo libre.

Cuando priorice las tareas, debe saber por qué es importante cada tarea y la fecha límite. No dé por sentado informaciones juzgando por el tono de voz o por el cargo de alguien en la empresa. Es mejor que pregunte: "¿Para cuándo lo necesita realmente?". Por la misma razón, cuando le pida un trabajo a otra persona, explíquele por qué lo necesita y cuándo lo necesita. De este modo podrá priorizar y sabrá exactamente a qué se está comprometiendo.

El **cuadro de toma de decisiones** es similar al método A, B, C, pero con una distribución más visual. En el cuadro superior izquierdo, encontrará las tareas importantes que son para hoy (A); en el cuadro superior derecho, las tareas importantes que no son para hoy (B); en el cuadro inferior izquierdo, las tareas que son para hoy pero no son importantes (D); y en el cuadro inferior derecho las tareas poco importantes que puede hacer cuando tenga tiempo (C). Durante el día de hoy debe completar las tareas de la izquierda. Si están bien distribuidas, realizará primero las tareas de derecha para que no lleguen a la izquierda.

Parece fácil sobre el papel, pero a veces **elegimos tareas que desafían cualquier lógica**. Algunas tareas son fáciles, otras nos interesan y otras las elegimos porque alguien nos presiona.

Para comprender mejor su motivación, analice sus tareas diarias. Si selecciona y completa tareas que estén relacionadas con sus objetivos, su superior y los proyectos principales, podrá irse antes a casa.

Además, obtendrá más recompensas o promoción y mejoras de salario si completa las tareas importantes que si acaba tareas fáciles o soluciona urgencias.

	Para hoy	Para pronto
Muy importante	Tareas A	Tareas B
Poco importante	Tareas C	Tareas D

Para priorizar bien:

→ **Piense sobre la tarea antes de elegirla:** ¿cómo la priorizaría con los métodos que hemos explicado? Dedique un momento a elegir bien y ganará en seguridad.

→ **Divida el proyecto en varias partes:** repetimos el consejo aquí porque solemos hacer las tareas más fáciles o rápidas antes y posponemos los proyectos. Divídalos en tareas más pequeñas que pueda asignar a la categoría de tareas poco importantes.

→ **Conozca las prioridades de su superior:** le ayudará a establecer el orden si no puede priorizar las tareas por sus objetivos.

11

Especificar y negociar

«Las personas que gestionan bien su tiempo han aprendido a negociar para añadir una interrupción o una tarea en su planificación diaria. ¿Puede crear una situación que satisfaga a todos?»

La clave de la gestión del tiempo es determinar a qué dedica su tiempo, cuáles son sus motivos y si es el mejor momento para ello.

Para priorizar correctamente, debe saber por qué es importante y cuándo debe estar acabada una tarea. Cuando alguien le asigne una tarea debería explicarle los motivos y darle una fecha.

Si no lo hacen, ¡pregunte! Piense en que, al pedir detalles, está ayudando a que la persona obtenga a tiempo lo que necesita.

A veces parece que todas las tareas que le asignan tienen la misma prioridad, todas son necesarias y urgentes. La urgencia parece ser el motivo más importante para hacer algo.

Si alguien le asigna una tarea y solo le dice que es "importante" y que la necesita para "lo antes posible", le está dando a esta persona control sobre su tiempo. Además, si le asignan más de una tarea al mismo tiempo, pierde totalmente el control, su organización diaria pasa a depender completamente de otra persona y tendrá que jugar al "pito, pito, gorgorito" para elegir una tarea u otra.

Si la persona insiste en que su tarea es urgente, intente obtener una fecha clara. Pregúntele: "¿Hasta cuándo se lo puedo entregar?". Si la fecha es demasiado ajustada, intente negociar más tiempo. Aunque pueda entregarlo lo antes posible, prevea tiempo para la realidad. Si no hay sorpresas, puede entregarlo antes e impresionar a la otra persona. Siempre es mejor que darle una fecha ajustada y entregar la tarea tarde.

Cuando usted pida una tarea, explique los motivos de manera clara y dé una fecha concreta para que los demás puedan priorizar la tarea correctamente, igual que usted. Es importante compartir esta información para que comprendan a qué se están comprometiendo y establezcan las prioridades adecuadas.

Si pide una tarea para "lo antes posible", en lugar de dar una fecha concreta y explicar para qué la necesita, es probable que su tarea pase detrás de otras tareas con fechas de entrega concretas... incluso después de tareas más fáciles o más interesantes. No es posible priorizar correctamente si no conoce la fecha de entrega concreta ni el motivo de su importancia.

→ **Pida información cuando le asignen una tarea:** si le dan una fecha límite y le explican los motivos será más fácil que priorice la tarea. Si no le proporcionan esta información, ¡pídala!

→ **Controle la planificación:** dirija el flujo de tareas y gestione el tiempo de forma efectiva y eficaz. Podrá hacerlo si conoce los motivos concretos y las fechas exactas de todas las tareas que le asignan.

→ **Anote las tareas y destaque la fecha de entrega:** si se compromete con una tarea, cumpla su palabra. Si no cumple sus compromisos, perderá poder de negociación.

12

Concentrarse

«La multitarea puede arruinar

varias tareas al mismo tiempo.»

ESLOGAN

Muchas personas intentan hacer varias tareas al mismo tiempo, pero los estudios demuestran que las personas bien organizadas hacen las tareas de una en una. Cuando una persona se dedica a una sola tarea, aprovecha mejor el tiempo que si cambia de tarea cada cinco minutos. Además de concentrarse mejor, acaba la tarea antes y comete menos errores.

La habilidad de ser **multitarea** comporta una mala gestión del tiempo y, aunque a veces sea un requisito expreso para realizar un trabajo, suele redundar en una manera ineficaz y poco efectiva de resolver problemas. El término "multitarea" procede de la informática. Los ordenadores pueden realizar múltiples tareas al mismo tiempo porque son máquinas, e incluso así a veces se cuelgan o estropean. Lo recomendable en el caso de los seres humanos es centrarse en las tareas de una en una, aunque requiera disciplina para lograrlo: el resultado le recompensará.

Si usted está realizando una tarea y, de repente, le interrumpe otra, puede reaccionar de dos modos para evitar ser multitarea. La reacción dependerá de la importancia y de la urgencia de la interrupción.

Si la interrupción es **más urgente** que la tarea en la que está trabajando, acéptela. Anote las ideas o pensamientos que tenía en mente, marque el punto donde se encuentra de la tarea, guárdelo y ponga de nuevo la tarea en la lista antes de empezar con la tarea nueva.

Si la interrupción es **menos importante** que la tarea en la que está trabajando, pospóngala hasta que termine lo que tiene entre manos. A continuación, evalúe la segunda tarea: tal vez sea menos importante y urgente que las otras tareas de su lista para hoy. Recuerde que la clave está en acabar una tarea, un pensamiento o cualquier trabajo antes de empezar con el siguiente. Concéntrese en una sola tarea y acábela en lugar de empezar varias tareas y no acabar ninguna.

 Si se encuentra en una situación que le obliga a ser multitarea, pruebe con estos tres consejos para ser eficiente y realizar la tarea de forma eficaz:

→ **Concrete la información esencial:** los motivos de la tarea y la fecha límite para acabarla.

→ **Compruebe la lista maestra:** antes de aceptar una tarea sin pensar, eche un vistazo a la lista maestra y asígnele la prioridad que le corresponda.

→ **Consulte a su superior:** si ya tiene el calendario lleno y alguien le asigna una tarea "inevitable", consulte con su superior el orden de las tareas. A veces el cargo, la personalidad o el poder de una persona pasa por encima de las prioridades.

13

Buscar tiempo personal

«Nunca tendremos más tiempo.
Tenemos y siempre hemos
tenido todo el tiempo que hay.»

ARNOLD BENNETT

Si quiere acabar todo el trabajo para poder ir a casa dos horas antes, tiene que eliminar dos horas de actividades del trabajo. Tal vez no encuentre ninguna actividad que dure dos horas y pueda eliminar. Más bien podrá suprimir cinco o diez minutos de aquí y cinco o diez minutos de allí.

En primer lugar, observe a qué dedica el tiempo que está en la oficina. Además de las tareas de la lista maestra y de la lista diaria, dedicará tiempo a tareas imprevistas. Escríbalas en un papel y responda a estas preguntas:

- ¿He aprovechado el tiempo al máximo?
- ¿He dedicado el tiempo correcto a la tarea correcta?

Analice todas las actividades:

- ¿Podría haber eliminado esta tarea?
- ¿Podría haberle dedicado menos tiempo?
- ¿Podría delegarla?
- ¿Podría unificarla con otras tareas similares?

Con el resultado de este análisis, gestionará mejor el tiempo en el futuro. Si las respuestas han sido sinceras y reflexionadas, identificará las mejoras necesarias para planificarse, organizarse y priorizar mejor, para dedicarse primero a la tarea importante y luego a las demás.

La clave, para la mayoría, estriba en empezar a primera hora de la mañana. Si tiene el máximo de energía por la mañana, empiece a trabajar temprano para aumentar al máximo su productividad. En cambio, si tiene el máximo de energía por la tarde, concentre las tareas en la tarde: a primera hora de la tarde siempre será mucho mejor que dejar las cosas para última hora o para la noche.

Para poder empezar directamente a trabajar cuando llegue a la oficina por la mañana, necesitará disciplina y organizarlo todo el día anterior antes de salir de la oficina. A primera hora, reduzca al mínimo los encuentros "sociales" y concéntrese en el trabajo.

 Paga ganar tiempo por la mañana, le damos tres consejos:

→ **Anticipe los problemas:** sea realista cuando planifique el día, deje tiempo para los problemas que puedan surgir. Completará las tareas a tiempo y los problemas no retrasarán su agenda. Es mejor que ser optimista al planificar y no entregar la tarea a tiempo.

→ **Proteja su tiempo para las tareas importantes:** asigne dos horas al día a realizar las tareas importantes, en las que nada ni nadie pueda interrumpirle. Le recomiendo que sean por la mañana, como explico en la lección "Planificar bien la mañana" (páginas 49-52)

→ **Reúna las actividades similares siempre que sea posible:** será más eficiente responder a los correos electrónicos, llamadas y mensajes en una pausa entre tareas o dedicarle una hora entre dos tareas importantes que responder a medida que vayan entrando.

14
—

Organizar la mesa

«El orden es el mejor gestor
del tiempo.
Si el trabajo no está bien
organizado, perderá tiempo.»

SAMUEL SMILES

Para organizar bien su tiempo de trabajo, debe organizar en primer lugar su mesa de trabajo. Una mesa desorganizada, con montones de carpetas, hojas, anotaciones y otras cosas le hará perder como mínimo 45 minutos al día buscando algo en concreto. Una mesa desorganizada impide concentrarse. Además, una mesa desorganizada da una mala impresión a los superiores, que valoran los espacios de trabajo bien organizados.

Siga estos pasos para ordenar su mesa de trabajo:

- Quite todo lo que tenga sobre la mesa. Retírelo todo y empiece "de cero". Limpie la mesa y vuelva a poner solo lo que utilice según su frecuencia de uso: más cerca lo que más utilice y más lejos lo que menos utilice. Tire todo lo que ya no sea útil, como notas o documentos antiguos. Elimine también las golosinas, ya que atraen visitas.

- Coloque un reloj en un lugar bien visible. Con el reloj de la muñeca y el de la pantalla no es suficiente. Su percepción del tiempo y la realidad suelen ser diferentes.

- Organice las herramientas. Vacíe el escritorio. Guarde en un cajón todos los bolígrafos, lápices o clips. No almacene material de papelería: con el necesario para un mes es suficiente. Divida los cajones en diferentes zonas (papelería, archivos y objetos personales). Deshágase de todo lo que realmente no necesite.

Para muchas personas, la mesa es una lista de tareas pendientes. Incluso ponen etiquetas a cada montón de papeles. Les reconforta tenerlas a la vista y saben que la tarea no está terminada hasta que ha desaparecido el montón.

Si usted es una de estas personas, no podrá organizar la mesa hasta que pueda realizar el seguimiento de las tareas con la lista maestra o una agenda y encontrar los archivos rápidamente en los cajones.

 En la siguiente lección, le damos unos consejos para organizar su escritorio, por ahora, solo tres conceptos básicos:

→ **Su mesa es el "presente":** la mejor estrategia para eliminar el exceso de documentación sobre la mesa es limitarla solo al presente, la tarea en la que está trabajando ahora y durante las próximas cuatro semanas. Concéntrese en organizar el presente.

→ **Archive el pasado:** retire de la mesa todos los archivos que ya estén cerrados o los trabajos completados. Archívelos para utilizarlos como referencia.

→ **Archive el futuro:** retire de la mesa cualquier documentación que espere o quiera leer en el futuro. Archívela también para saber dónde encontrarla cuando sea el momento.

15

Dominar la mesa

«El orden es útil para todo. Su
máxima es: un lugar para cada
cosa y cada cosa en su lugar.»

SAMUEL SMILES

Ahora que ya ha limpiado la mesa y los cajones, establezca un nuevo orden que le ayude a aprovechar al máximo su trabajo.

En primer lugar, organice el **presente**. No se preocupe del **pasado** ni del **futuro**. Deje en la mesa solo lo necesario para el trabajo que está realizando ahora mismo.

Lo más habitual es que pospongamos la tarea de archivo porque son muchos los documentos que se acumulan sobre la mesa y porque no estamos seguros de poder encontrar lo que necesitamos si lo hemos archivado. Para resolver estos dos problemas hay que archivar un poco cada día —así impedirá que los documentos se acumulen— y crear un método de archivo que le resulte útil.

El método de archivo para los documentos de trabajo puede ser alfabético o cronológico, el que a usted le funcione mejor.

Las carpetas del archivo deben ser pocas y con conceptos amplios. El número ideal es entre 7 y 10. Si tiene más carpetas, necesitará más tiempo para encontrar un archivo. Le sugiero los conceptos de "información útil" (listas telefónicas, direcciones y otra información que utiliza con frecuencia), proyectos actuales (una carpeta para cada proyecto), tareas habituales, clientes o posibles clientes, y cuestiones para resolver.

No guarde demasiada información en una carpeta: tardaría demasiado en encontrar lo que busca. Es mejor que

—

77

divida las carpetas grandes en otras más pequeñas y elimine todo lo que no utilice.

Cuando etiquete el archivo, piense que luego tendrá que buscarlo. Así pues utilice las mismas palabras con las que lo buscará. Utilice nombres cortos, de no más de tres palabras, que resuman el contenido y sean lógicos. Escríbalos con letras grandes y rotulador para que le sea más fácil encontrarlos.

Clasifique las categorías del archivo con carpetas de colores: es un método visual de gran ayuda.

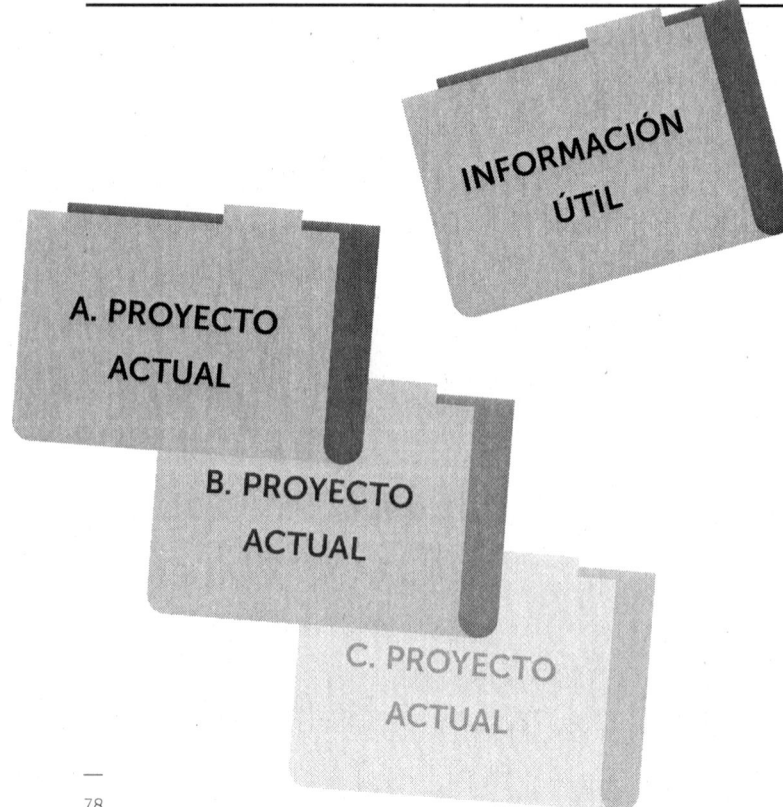

Por último, archive los documentos pasados y futuros en el archivador de referencia. Es un archivador que debería estar situado en un rincón de su oficina o fuera de la oficina.

Cuando tenga un documento en las manos, escriba la categoría a la que pertenece: papelera, futuro, pasado, presente o fuera (delegar o terminar). No necesitará volver a dedicarle tiempo y podrá archivarlo para que no esté sobre la mesa.

No acumule tareas sobre la mesa. En lugar de utilizar notas para las tareas pendientes, anótelas en la lista maestra.

Las carpetas del archivo deben ser pocas y con conceptos amplios. El número ideal es entre 7 y 10 con los conceptos de información útil, proyectos actuales (varias), tareas habituales, clientes o posibles clientes, y cuestiones para resolver.

Tres sugerencias para dominar el orden de su escritorio:

→ **Deje solo una tarea sobre la mesa:** no ponga sobre la mesa un documento nuevo hasta que haya archivado el anterior. Se distraerá menos y no mezclará los papeles.

→ **Archive un poco cada día:** no volverá a tener la mesa desorganizada si cada día dedica cinco minutos a archivar. Deshágase de lo que no necesita. Cada viernes, revise toda la documentación de la mesa y elimine los duplicados y todo lo que ya no necesite.

→ **Limpie la mesa cada día:** si cada día deja la mesa despejada, tendrá una mayor sensación de control cuando salga del trabajo y cuando llegue. Además, estará tranquilo porque no quedará información importante a la vista ni se dañarán los archivos si se disparan los extintores de incendios.

16

—

Limitar
las interrupciones

«Evalúe siempre las
interrupciones.
Pregúntese si realmente debe
solucionarla de inmediato.»

Una interrupción normal ocupa entre seis y nueve minutos de su tiempo, y luego necesita cuatro o cinco minutos para recuperarse. Después de tres o cuatro interrupciones, su capacidad de concentración habrá desaparecido. Dado que las interrupciones le quitan tiempo y concentración, debe limitarlas para utilizar el tiempo de la forma más eficaz posible.

Una estrategia para reducir el número de interrupciones es no trabajar de cara a la puerta. Tendrá menos visitas si mueve su mesa o, al menos, la pantalla del ordenador para evitar el contacto visual con las personas que pasan

Otra estrategia consiste en no dejar sillas vacías junto a su mesa o llenarlas de carpetas. Las personas que vengan a hablar con usted se cansarán de estar de pie y se irán.

Si es posible, **cierre la puerta** cuando se esté dedicando a las tareas principales. Avise cuando esté disponible o cuelgue un cartel en la puerta. Asigne una hora específica a las personas que tengan que informarle del progreso de un proyecto y no responda al teléfono ni al correo cuando esté con ellas. Cuelgue un horario en la puerta con las horas que puede recibir visitas y las horas en que está ocupado. Deje una libreta junto a la puerta para que le puedan dejar una nota por escrito en lugar de interrumpirle.

Intente salir al menos tres veces al día de su oficina por la mañana para preguntarle a su equipo si necesita algo. Mejorará su visibilidad y se ahorrará interrupciones.

Si no puede cerrar la puerta, vaya a una oficina vacía o a una sala de reuniones. Avise solo a las personas imprescindibles. Cuantas menos, mejor.

Evalúe las interrupciones:

- ¿Debe solucionarla inmediatamente?

- ¿Tiene relación con uno de sus objetivos, prioridades o proyectos clave?

- ¿Es importante para las necesidades de un cliente, un compañero o un miembro del equipo?

- ¿Es urgente para su superior o para el líder del equipo?

Si usted no es la persona adecuada para responder a la pregunta o resolver el problema, no intente hacerlo, delegue la interrupción a la persona adecuada.

Aprenda a interrumpir las interrupciones con delicadeza. El mejor modo de hacerlo sin mediar palabra es ponerse de pie cuando llegue la persona que le interrumpe, no se siente ni se acomode. Resista la tentación de entrar en la conversación. Propóngale hablar más tarde para poder resolverlo sin distracciones.

El ruido también puede interrumpir el trabajo. Si la gente se reúne junto a su puerta, ciérrela o pídales que vayan a reunirse a otro lugar. Si el ruido le sigue molestando, utilice auriculares.

Las reuniones programadas por ordenador pueden interrumpir las otras tareas. Si utiliza programas que indican su disponibilidad, proteja su tiempo para las tareas importantes indicando que no está disponible, como si estuviera en una reunión.

 Analice las últimas interrupciones y busque **patrones comunes**: la frecuencia, el lugar o el modo. Busque estrategias concretas para controlar las interrupciones.

Mantenga en su cabeza este esquema para valorar la importancia de las posibles interrupciones de una reunión y actúe en consecuencia.

EVALUE LAS INTERRUPCIONES	1	2	3
¿Debe solucionarla inmediatamente?			
¿Tiene relación con uno de sus objetivos, prioridades o proyectos clave?			
¿Es importante para las necesidades de un cliente, un compañero o un miembro del equipo?			
¿Es urgente para su superior o para el líder del equipo?			

Estas son tres recomendaciones generales:

→ **Respete a los demás:** antes de interrumpir a alguien, pregunte siempre: "¿Tiene un minuto?". Con su ejemplo estará mostrando que quiere que a usted también le pregunten si tiene un minuto antes de interrumpirle.

→ **Proponga una "hora de concentración":** en la reunión de equipo, proponga reducir las interrupciones y el ruido al mínimo durante unas horas concretas para poder concentrarse.

→ **No se interrumpa a usted mismo:** cuando esté trabajando en una tarea prioritaria, apague el móvil y el correo electrónico. Si no controla usted a la tecnología, la tecnología le controlará.

17

—

Gestionar el correo electrónico

«El correo electrónico es la
vía de comunicación
peor utilizada en el trabajo.»

El correo electrónico puede ser muy eficaz para pedir información, enviar la información solicitada, transmitir información, dejar constancia de las comunicaciones y hablar con varias personas a la vez. Su gran inconveniente es que no puede transmitir el tono del mensaje. El receptor puede interpretar el mensaje de diferentes maneras y tal vez no entiende lo mismo que usted le ha querido decir.

El teléfono es más adecuado para las repuestas inmediatas, si el tono y la voz son importantes para el mensaje, y si hay que debatir una cuestión o mantener la confidencialidad.

Asigne varios momentos concretos al día a comprobar el correo electrónico. Apague las notificaciones para que no le distraigan cuando esté concentrado. Recomiende a sus contactos que le llamen por teléfono si tiene un problema urgente que necesite solución en menos de una hora.

La primera vez que compruebe el correo por la mañana, busque solo las tareas importantes para el día. Compare los mensajes con las tareas que ya tiene en la lista diaria para decidir si una tarea es importante o no.

Configure la pantalla del programa de correo electrónico para leer los asuntos y las primeras tres o cuatro líneas del mensaje. Después de comprobar el correo, vuelva a la configuración normal.

Cree carpetas para archivar los mensajes: por ejemplo, "respuesta inmediata", "pendiente", "información útil", "reuniones", "delegar" y "proyectos". Cree subcarpetas dentro de cada carpeta: será más fácil encontrar lo que busca si crea las mismas carpetas que en el sistema de archivo del escritorio.

Clasifique los correos electrónicos en cuanto los haya leído. Revise todos los mensajes una sola vez y elimine todo el correo basura y los mensajes que no le interesen. Responda los mensajes importantes y archive los que necesite para que la bandeja de entrada quede limpia. Así ahorrará tiempo.

No utilice la bandeja de entrada como una lista de tareas pendientes: es como acumular papeles sobre la mesa. No deje que en la bandeja de entrada se acumulen los mensajes: no pueden ocupar más de una pantalla. Configure una alerta para los mensajes que archiva y asigne los mensajes al calendario siempre que sean para una fecha en concreto.

Si identifica características comunes en los mensajes que archiva o elimina, cree filtros o reglas para bloquearlos, eliminarlos o archivarlos directamente en una carpeta en particular. Reduzca los mensajes de listas de correo al mínimo si no necesita estar informado al minuto.

Tres sugerencias más para gestionar el correo electrónico:

→ **Enseñe a redactar correos electrónicos:** insista siempre en resumir en el asunto el motivo del mensaje y concretar en las tres primeras líneas qué necesita y para cuándo.

→ **Evite la multitarea:** no redacte correos electrónicos mientras habla por teléfono. Si se concentra en una tarea, cometerá menos errores.

→ **Responda enseguida:** responda al correo electrónico el mismo día. Como mínimo, confirme la recepción. Así evitará llamadas y más mensajes. Cuando no pueda acceder al correo electrónico, avise a sus contactos con una respuesta automática para todos los mensajes.

18

Dominar el correo electrónico

«Piense en lo que escribe y en quién puede llegar a leerlo. Si el presidente de la empresa recibiera el mensaje, ¿qué pensaría?»

Asigne un momento del día a escribir y enviar correos electrónicos. Dedique entre 15 y 30 minutos a enviar todos los mensajes que necesite. Luego cierre el correo y dedíquese a la siguiente tarea. Por ejemplo, yo respondo correos electrónicos dos veces al día, una antes de comer y otra antes de salir del trabajo.

Escriba los mensajes para obtener mejores resultados. El tiempo de respuesta habitual ante un correo electrónico es de 5 a 10 segundos para decidir si debe responderle, archivarlo o eliminarlo. Cuando usted lee un mensaje, quiere saber tres cosas:

- ¿Por qué he recibido este mensaje?
- ¿Qué tengo que hacer?
- ¿Cuándo lo necesito?

Antes de escribir, identifique la finalidad de mensaje y haga una lista de los conceptos importantes que quiere comentar. Redacte un mensaje corto y conciso con un asunto adecuado.

El asunto debe captar la atención del lector y orientarle sobre el contenido del mensaje. Es recomendable escribir varias palabras en el asunto, no solo una.

Los mensajes cortos y fáciles se leen y se responden antes. Intente siempre que el primer párrafo no ocupe más de dos o tres líneas y que el mensaje sea corto: dos o tres párrafos, si es posible.

Si el mensaje es más largo, inclúyalo como archivo adjunto y deje en el cuerpo del correo electrónico un mensaje fácil, como la carátula de un fax, que invite al lector a abrir el documento adjunto.

Concrete siempre la fecha de entrega, en forma de pregunta, y su motivo. Marque el mensaje como urgente solo si realmente es urgente. Por ejemplo: ¿Puede entregar su ficha antes del viernes para que la semana que viene podamos hacerle efectiva la nómina?

Redacte los mensajes como si fueras cartas o notas. No utilice abreviaturas ni símbolos. No escriba todo el texto en mayúsculas ni en minúsculas. Utilice formatos sencillos y evite fondos de mensaje curiosos. Escriba en un tono y un estilo adecuados para el tema y la relación que tiene con el destinatario.

 No escriba nada que no diría en persona. Los correos electrónicos pueden utilizarse como prueba en un juicio. Utilice el teléfono para los asuntos confidenciales.

→ **Cree una firma con sus datos de contacto:** diseñe una firma con su teléfono y otros datos de contacto para que los destinatarios puedan ponerse en contacto con usted. La firma no debe tener más de seis líneas.

→ **Cuando reenvíe un mensaje escriba el motivo:** en el asunto o en el cuerpo del mensaje, escriba el motivo por el que reenvía el mensaje al destinatario. La expresión "para su información" no le aporta nada al destinatario.

→ **Relea el mensaje antes de enviarlo:** compruebe que está acabado, es conciso y sigue un orden lógico. Pase el corrector ortográfico para evitar errores y recuerde que este también se equivoca. Preste atención.

19

Gestionar las llamadas

«Aproximadamente una de cada dos llamadas no está relacionada con el trabajo. El teléfono es una interrupción. Cuando suena, usted deja de trabajar. Por eso tiene que aprender a gestionarlo.»

El teléfono es una distracción para organizarse bien el tiempo. Muchas llamadas son innecesarias o se alargan y le quitan el tiempo que necesita para realizar otras tareas. Para empezar, reduzca el número de llamadas a las que responde.

Durante una semana, anote todas las llamadas que recibe: el nombre de la persona que llama, el motivo de la llamada y su duración. Analícelas todas y decida cuáles eran realmente necesarias, cuáles podría haber delegado y cómo puede reducir la duración de la llamada.

Si no necesita responder a todas las llamadas, utilice un filtro; al menos, durante las horas que dedica a las tareas importantes. Si tiene un ayudante, explíquele su organización del día a primera hora de la mañana para que pueda priorizar las llamadas. Si no tiene ayudante, utilice el buzón de voz.

Cuando responda a una llamada, pregunte enseguida: "¿Qué puedo hacer por usted?" para que la persona vaya directamente al grano y plantéele las preguntas necesarias para identificar el motivo de su llamada.

A continuación, asígnele un orden de prioridad. Decida si es suficientemente importante para interrumpir su tarea actual. Si no lo es, pida que le llame en otro momento para poder dedicarle el tiempo necesario.

Si la cuestión que le plantea la resolvería mejor otra persona, ya sea porque su prioridad es baja, ya sea porque usted no dispone de toda la información, indíquele el nombre y el teléfono de la persona que puede ayudarle o transfiera la llamada a esa persona. Otros consejos para gestionar bien las llamadas:

- Utilice el buzón de voz de forma eficaz para ahorrar tiempo.

97

- Cambie su mensaje cada día o, como mínimo, cada semana, para indicar su disponibilidad.
- Indique en el mensaje que dejen su nombre, número de teléfono, motivo de la llamada y mejor momento para llamarles.
- (Explique que con esta información podrá responderles antes con la información que necesitan.)
- Ofrezca alternativas: otras maneras de ponerse en contacto con usted, o el nombre y el teléfono de otra persona y, a continuación, el buzón de voz.

Tres sugerencias para gestionar las llamadas:

→ **Responda de forma eficiente:** indique el mejor momento para atender llamadas y las horas en que no estará disponible. Proporcione el nombre y el número de teléfono de otra persona con quien puedan hablar.

→ **Pida información concreta:** cuando alguien le diga: "Luego le llamo", respóndale: "De acuerdo, y si sale el buzón de voz, deje su nombre, número de teléfono, el motivo de la llamada y el mejor momento para devolverle la llamada".

→ **Prevea tiempo para devolver las llamadas:** especialmente las llamadas que no son prioritarias. Puede hacerlo en dos franjas horarias, antes de comer y al final de la jornada.

20

Dominar las llamadas

«Una llamada no preparada dura cinco minutos más, por término medio, que una llamada preparada. Preparar una llamada es muy sencillo, dedique treinta segundos a decidir lo que quiere decir.»

GARY LOCKWOOD

Priorice las llamadas, busque el mejor momento para realizarlas y piense si es realmente necesario hablar con alguien en concreto.

Si el motivo de la llamada es pedir o dar una información y no es necesario hablar con nadie, intente llamar cuando la persona no esté y dejarle el mensaje.

Asigne un momento concreto para realizar todas las llamadas. Las más importantes se harán por la mañana. Agrupe las llamadas de poca prioridad de antes de comer y a última hora de la jornada. La gente más concisas por teléfono antes de comer y antes de salir. Devuelva todos los mensajes del buzón de voz el mismo día si es posible, o en 24 horas.

Planifique las llamadas, es la estrategia más productiva. Anote los puntos principales y prepare la información necesaria, asigne una duración prevista a cada punto y dirija el ritmo de la conversación.

Piense en las preguntas que pueden surgir durante la llamada y prepare una respuesta con la información necesaria. Dará una impresión más profesional y ahorrará tiempo.

Fíjese en la hora que es antes de realizar la llamada y tenga un reloj a la vista mientras esté hablando. El guión de la llamada es el siguiente:

- Indique primero los motivos de la llamada y explique la información importante.
- Cuando haya logrado su objetivo, finalice educadamente la llamada.
- Resuma la llamada y pregúntele si: "¿Necesita algo más?" y acabe con mi frase favorita: "Sé que está muy ocupado, así que no le molesto más."

Si la otra persona no puede hablar, concrete una hora para volver a llamar. Anótela y asegúrese de que la otra persona también la anota.

Esté preparado para dejar un mensaje en el buzón de voz. Los mensajes deben ser cortos, entre 15 y 30 segundos, con voz clara y pausada. Indique su nombre, número de teléfono, motivo de la llamada, el mejor momento para hablar con usted y una fecha límite.

Tres sugerencias más para las llamadas de teléfono:

→ **Tome notas en la lista maestra:** tome notas de los acuerdos o compromisos de las llamadas de teléfono en su lista maestra, para consultarlo más adelante.

→ **Deje un mensaje de voz siempre que sea posible:** es preferible dejar un mensaje de voz detallado a que alguien tome nota del mensaje, dígale: "Será más fácil para usted si le dejo un mensaje directamente en el buzón de voz".

→ **Devuelva todas las llamadas, incluso las de publicidad:** deje el mensaje de que no está interesado o llame si le interesa. De este modo evitará más llamadas. Es una buena inversión de unos pocos segundos.

CORREO ELECTRÓNICO. RESUMEN
(CAPÍTULOS 17 A 20)

VENTAJAS

→ Pedir información.

→ Enviar la información solicitada.

→ Transmitir información.

→ Dejar constancia de las comunicaciones.

→ Hablar con varias personas a la vez.

INCONVENIENTES

→ No poder transmitir el tono del mensaje.

→ Riesgos con la confidencialidad.

→ Falta de inmediatez en la respuesta.

ALGUNAS ESTRATEGIAS

→ Asigne un momento del día a escribir y enviar correos electrónicos.

→ Redacte un mensaje corto y conciso con un asunto adecuado.

→ El asunto debe captar la atención del lector y orientarle.

→ Si el mensaje es más largo, inclúyalo como archivo adjunto.

→ Concrete siempre la fecha de entrega, en forma de pregunta, y su motivo.

→ No escriba nada que no diría en persona.

→ Dedique entre 15 y 30 minutos a enviar todos los mensajes que necesite.

TELÉFONO. RESUMEN
(CAPÍTULOS 17 A 20)

VENTAJAS

→ Inmediatez de la respuesta.

→ El tono y la voz son importantes para el mensaje.

→ Para debatir una cuestión.

→ Mantener la confidencialidad.

INCONVENIENTES

→ Ser una distracción para organizarse bien el tiempo.

→ Muchas llamadas son innecesarias.

→ Hay llamadas que son demasiado largas.

→ Ocupa un tiempo que necesita para realizar otras tareas.

ALGUNAS ESTRATEGIAS

→ Analíce todas las llamadas que reciba y decida cuáles son realmente necesarias.

→ Utilice un filtro para recibir llamadas.

→ Cuando responda a una llamada, pregunte enseguida: "¿Qué puedo hacer por usted?"

→ Busque el mejor momento para realizar las llamadas.

→ Planifique las llamadas.

→ Esté preparado para dejar un mensaje en el buzón de voz.

21

Delegar

«Es un gran hombre el que hace que cada hombre se sienta pequeño, pero realmente el gran hombre es el que hace que cada hombre se sienta grande.»

GILBERT KEITH CHESTERTON

Delegar es una forma un eficaz de gestión, pero la mayoría de personas no saben sacarle todo su partido. Descubramos los motivos.

En primer lugar, creemos que podemos hacer una tarea más rápido y mejor que los demás. Creemos que delegar nos costará tiempo y esfuerzo. Tememos que los empleados se equivoquen, o incluso que tengan más éxito que nosotros. Tal vez estamos obsesionados con el control y no queremos compartir las tareas. Nos falta confianza en los demás.

Las ventajas de delegar las tareas son convincentes, tanto para usted como para los demás. Si delega, podrá concentrarse en las tareas que requieran sus habilidades de gestión y motivará a sus empleados. La principal habilidad de los buenos gestores de personal es la capacidad de formar a sus empleados, delegar tareas muestra su compromiso para que el equipo mejore.

Acepte que los demás pueden hacer algunas tareas igual o mejor que usted. Para delegar las tareas más adecuadas, siga estas instrucciones:

- Antes de empezar, haga una lista de las tareas que realiza actualmente.
- Decida las tareas o proyectos importantes para la empresa o el departamento que mejorarán su capacidad o rendimiento y las tareas que son beneficiosas para mejorar la confianza o el conocimiento de sus empleados.
- No delegue tareas ni proyectos mal definidos con un elevado riesgo de fracaso o que necesiten una decisión o implicación de la dirección.

Piense en la persona más adecuada para realizar la tarea. Compruebe que tiene la formación, la experiencia y los conocimientos adecuados para realizar el trabajo. Explíquele por qué le ha elegido y por qué es importante la tarea. Delegue toda la tarea, si es posible, no solo la parte que usted no quiera hacer. Al empleado le sería demasiado difícil empezar con partes de un proyecto.

Defina la tarea y concrete los resultados que espera y las expectativas que tiene de la persona. Dé todas las instrucciones y ejemplos que necesite.

Fije un inicio y un final bien definidos, con tiempo suficiente. Además, realice una reunión de seguimiento a mitad del proyecto para comentar los progresos y los problemas. Confíe en la persona, no la agobie supervisándolo todo ni preguntándole cada cinco minutos.

Responda a todas sus preguntas, y asegúrese de que ha entendido la tarea o el proyecto. Y por último, lo más importante: dele la autoridad necesaria para encargarse del trabajo.

Cuando haya finalizado el trabajo, comenten los resultados. Agradézcale su trabajo, analicen los problemas y haga comentarios constructivos.

Para delegar bien, siga estos consejos:

→ **Delegue para mejorar:** motive a sus empleados delegando tareas en ellos. Delegar es la mejor forma de motivación.

→ **Muestre su confianza:** dígale al empleado que confía en él y dele toda la responsabilidad del trabajo. Una parte de la responsabilidad es acudir a usted si surge algún problema. No intente controlarle.

→ **Realice un seguimiento:** utilice la agenda o la lista maestra para realizar el seguimiento de las tareas que delega.

22

—

Planificar bien las reuniones

«El 90% de los encuestados afirman que la mitad del tiempo que han dedicado a las reuniones podría haber sido más productivo. Un empleado medio pierde 31 horas al mes en reuniones no productivas.»

Todos conocemos las características de las reuniones que no son productivas: son largas, no siguen una estructura clara y los participantes no llegan bien preparados. En consecuencia, es necesario reunirse más veces y los participantes acaban la reunión con una sensación de frustración. Después de la reunión, no se realiza ningún seguimiento.

Para organizar bien el trabajo es necesario empezar planificando bien las reuniones.

En primer lugar, pregúntese
si la reunión es **realmente necesaria**.
Este es el primer concepto básico.

Las reuniones solo son necesarias si cumplen alguna de estas tres finalidades: proporcionar información, resolver problemas o tomar decisiones y favorecer una lluvia de ideas.

Calcule el coste de una reunión y considere diferentes alternativas para lograr el mismo objetivo de otro modo más económico. Por ejemplo, si la finalidad es recoger información, como informes o noticias, tal vez puede recopilarla por correo electrónico.

Programe una reunión solo si existe un motivo. Aunque parezca obvio, muchas reuniones son "reuniones periódicas", una vez a la semana o incluso una vez al día, a la misma hora, en el mismo lugar, o con las mismas personas. La periodicidad no es un motivo suficiente para programar una reunión.

Si cree que la reunión es necesaria, decida a quién debe convocar, la mejor hora para celebrar la reunión y la duración prevista en función del objetivo de la reunión.

Convoque solo a las personas que estén relacionadas con el objetivo y explíqueles por qué les invita. De este modo, aumentará la responsabilidad de los participantes en la preparación y el desarrollo de la reunión.

Decida los puntos que tratará, cómo los abordará y cuánto tiempo quiere dedicarle a cada uno. La duración de la reunión dependerá del objetivo. Por norma general, intente que no supere los 90 minutos, que es el periodo medio de atención de una persona.

Algunas sugerencias para las reuniones:

→ **Reflexione sobre las reuniones periódicas:** cuando asista a una reunión periódica analice sus motivos. Las rutinas pueden ser beneficiosas o perjudiciales. Si las reuniones periódicas son útiles, adelante; es importante que no sean una pérdida de tiempo ni que aburran a los participantes.

→ **Explique a los participantes por qué su participación es importante:** del mismo modo, cuando le convoquen a usted, averigüe qué esperan de su asistencia, si puede asistir otra persona en su lugar o enviar la información de otro modo o si puede asistir a solo una parte de la reunión.

→ **Piense en la "inversión":** las reuniones tienen un coste económico. Si las considera en términos económicos, el tiempo tiene un coste por minuto y los participantes deben aprovecharlo al máximo para obtener un beneficio.

112

23

Programar bien las reuniones

«Ningún momento es el
adecuado para programar
una reunión innecesaria.»

ANÓNIMO

Cuando planifique una reunión, programe una hora de inicio y una hora de fin. No programe una reunión para el mismo día, suele estar poco estructurada, ser más larga y menos resolutiva que si la programa para otro día. Compruebe los calendarios de los asistentes para que no coincida con entradas o salidas a otras reuniones que tengan previstas.

Es recomendable celebrar las reuniones por la tarde. Los asistentes han tenido tiempo de prepararse, o han aprovechado la hora de la comida. Han tenido como mínimo cuatro horas para trabajar y estarán menos distraídos. Sobre todo, no programe reuniones para el lunes a primera hora. El viernes por la tarde puede ser un buen momento para revisar los progresos de la semana y preparar la semana siguiente.

Le sugiero que programe las reuniones a horas curiosas, por ejemplo a las 15.10 h en lugar de a las 15.00 h. Para mucha gente, las 15.00 significa, sobre las 15.00. En cambio, las 15.10 h significa exactamente a las 15.10 h.

Prepare el orden del día con objetivos claros y envíeselo a todos los asistentes como mínimo con un día de antelación para que estén sobre aviso. Priorice los puntos en función de los asuntos importantes y asigne una duración a cada uno de ellos.

Asigne funciones a los participantes, por ejemplo:

- Líder/facilitador: dirigir la reunión y seguir el orden del día.
- Secretario: tomar notas de la reunión y enviar el acta al día siguiente.
- Encargado del tiempo: controlar la duración de la reunión para evitar que se alargue.

115

- Encargado de la puerta: cerrar la puerta cuando empiece la reunión y recibir y poner en situación a los participantes que lleguen más tarde

Envíe un recordatorio de la reunión a todos los participantes 30 minutos antes. Puede aprovechar para recordarles por qué es importante su participación, o decírselo cuando lleguen a la reunión. Es una estrategia que garantiza la participación.

Tres sugerencias para asistir a reuniones que han programado otros:

→ **No se comprometa demasiado:** no se comprometa a asistir a reuniones o videoconferencias a primera hora de la mañana, con la única excepción de los asuntos importantes y las emergencias. Evite de manera muy especial las reuniones y videoconferencias los lunes por la mañana. No enlace reuniones, deje un tiempo razonable entre una y otra para recuperarse y prepararse.

→ **Deje tiempo libre después de cada reunión:** necesitará tiempo para ir al servicio, tomar algo o dirigirse a su siguiente compromiso para llegar a tiempo. También evitará ponerse nervioso si la reunión se alarga.

→ **Pida un orden del día:** si la persona que ha programado la reunión no envía el orden del día, solicítelo. Espere un orden del día para todas las reuniones a las que asista y el tiempo suficiente para prepararla, excepto en casos de emergencia.

116

24

Dirigir bien las reuniones

«Nadie recuerda cuándo se celebró la primera reunión, pero unos opinan que fue demasiado larga, otros que estuvo mal organizada, unos cuantos dicen que fue aburrida y seguro que a otros el resultado no les satisfizo.»

BARBARA J. STREIBE

Ya ha planificado y programado bien la reunión. Ahora solo le queda dirigirla bien.

Escriba los objetivos de la reunión en una pizarra bien visible para que queden a la vista de los asistentes a la reunión cuando lleguen.

Empiece la reunión con puntualidad para transmitir eficacia. Cierre la puerta y aborde el primer punto del orden del día. Deje bien claro que no es aceptable llegar tarde, si es necesario, aplique un sistema de penalización económica.

Redacte el acta de cada reunión. El secretario es la persona encargada de tomar nota de todo lo que se comenta en la reunión y preparar el acta con fecha, hora, asistentes u orden del día. Si alguna cuestión o decisión no queda clara, debe preguntar para aclararla.

Todas las reuniones tienen unas reglas básicas. Es importante definirlas o revisarlas al comienzo de la reunión. Las reglas principales son respetar a los demás, evitar las distracciones y seguir el orden del día.

Al principio de la reunión, resuma las actividades que se han llevado a cabo después de la reunión anterior. Sea conciso, indique cada elemento y la acción que se ha realizado, así mantendrá la eficiencia de la reunión.

Siga el orden del día. Si el líder pierde el control de la reunión, esta se alargará. Si surgen cuestiones que no están en el orden del día, programe otra reunión para tratarlas.

Anote en la pizarra los puntos principales o las ideas que trabajen. Siempre que sea posible, utilice PowerPoint, las presentaciones son más amenas y los asistentes las recordarán mejor.

Acabe la reunión puntual o antes de lo previsto.

Después de la reunión, recuerde al secretario que redacte el acta y la envíe a todos los participantes al día siguientes. Es importante para recordar las acciones que se han acordado.

 Tres sugerencias para las reuniones que dirigen otras personas:

→ **Sea respetuoso con los demás:** silencie el móvil y apague los dispositivos electrónicos, no distraiga a los demás ni ocupe su tiempo en tareas que no estén relacionadas con la reunión, aunque no hayan definido normas básicas.

→ **Participe según las expectativas:** si le han explicado por qué participa en la reunión, podrá llevar la información preparada, participe y dé un buen ejemplo.

→ **Salga puntual:** si la reunión se alarga más de lo previsto, excúsese y salga a tiempo para poder llegar al siguiente compromiso. No permita que los demás controlen su tiempo. Al salir, dará el mensaje de que la reunión debería ser más eficaz.

REUNIONES. RESUMEN
(CAPÍTULOS 22 A 24)

REUNIONES NO PRODUCTIVAS
→ Son largas.

→ No siguen una estructura clara

→ Los participantes no llegan bien preparados.

REUNIONES ÚTILES
→ Proporcionan información

→ Resuelven problemas

→ Se toman decisiones y favorecen una lluvia de ideas.

ESTRATEGIAS DE CONVOCATORIA
→ Elija la mejor hora para celebrar la reunión y la duración prevista.

→ Es recomendable celebrar las reuniones por la tarde.

→ Envíe un recordatorio de la reunión a todos los participantes 30 minutos antes.

→ Convoque solo a las personas relacionadas con el objetivo y explíqueles por qué les invita.

→ Asigne funciones a los participantes.

→ Decida los puntos que tratará, cómo los abordará y cuánto tiempo quiere dedicarle a cada uno.

→ Deje tiempo libre después de cada reunión.

REUNIONES. RESUMEN
(CAPÍTULOS 22 A 24)

ESTRATEGIAS PARA LA DIRECCIÓN DE LA REUNIÓN

→ Escriba los objetivos de la reunión en una pizarra.

→ Empiece la reunión con puntualidad para transmitir eficacia.

→ Redacte el acta de cada reunión.

→ Si alguna cuestión o decisión no queda clara, debe preguntar para aclararla.

→ Defina las reglas básicas de la reunión al comienzo. Las reglas principales son respetar a los demás, evitar las distracciones y seguir el orden del día.

→ Al principio de la reunión, resuma brevemente las actividades que se han llevado a cabo después de la reunión anterior.

→ Siga el orden del día.

→ Las cuestiones que no están en el orden del día, se tratan en otra reunión.

→ Anote en la pizarra los puntos principales o las ideas que surjan.

→ Acabe la reunión puntual o antes de lo previsto.

→ Después de la reunión, recuerde al secretario que redacte el acta.

→ Envíe el acta a todos los participantes al día siguientes.

«La diferencia entre desperdiciar el tiempo y desperdiciar el material es que del tiempo desperdiciado no se aprovecha nada. El tiempo es muy fácil de desperdiciar y muy difícil de corregir porque no deja una mancha en el suelo como el aceite.»

—HENRY FORD

ANOTE AQUELLAS ESTRATEGIAS QUE LE HAN PARECIDO MÁS EFICACES*

* No olvide señalar la página del libro donde de encuentra. ¡Esta simple acción le hará ganar tiempo!

124

ANOTE AQUELLAS ESTRATEGIAS QUE LE HAN PARECIDO MÁS EFICACES*

* No olvide señalar la página del libro donde de encuentra. ¡Esta simple acción le hará ganar tiempo!

Sobre el autor

Experto formador, asesor y conferenciante sobre gestión del tiempo y productividad, **Kenneth Zeigler** ha ayudado a miles de personas a ganar hasta dos horas al día. Fue uno de los pioneros en la metodología de la gestión del tiempo para mejorar el rendimiento y desde su consultoría Zeigler Learning LLC, creada en 1996, ha asesorado a centenares de empresas, entre las que cabe destacar Hertz, Toys "R" Us y La Reserva Federal.